Humorvoll-

und

Sinnlos- es

Herstellung und Verlag:
Books on Demand GmbH, Norderstedt
ISBN 978-3-8370-8587-7

Der Bauernhof

Ich war mal auf einem Bauernhof
und fand das eigentlich nicht doof.
Der Kuhstall war auch interessant
und der Geruch dort sehr pikant.
Ich grüß die Kühe mit: "Hallo",
und glaub zuerst, daß macht sie froh.
Doch folgende „flupp-klatschgeräusche",
bewirken, daß davon ich schleiche.
Ich renne raus, doch da welch Schreck,
mit mir rennt auch ein Fladen weg.
Ich traue meinen Augen nicht,
zur Fratze zieht sich mein Gesicht.
Dann bin ich raus und ganz spontan,
hält auch der grosse Fladen an.
Ne kleine Nase guckt heraus,
dann seh ich sie, die kleine Maus.
Zwei Augen schauen ganz verbissen,
man hat Ihr auf den Kopf geschissen.

Die Kuh

Es fand auf einer Wiese statt,
'ne Kuh sie frißt, ist fast schon satt.
Da kommt 'ne andre Kuh hinzu,
sagt: "Muuh, was geht?" zur ersten Kuh.
Die muuht mit vollem Maul zurück,
die zweite Kuh versteht kein Stück.
Versuchts mit einem zweiten: "Muuh",
und denkt dabei: "Du blöde Kuh,
wollt warnen Dich, das Gras ist schlecht,
dann friß halt weiter, mir ists recht.
Wenn Du nicht mit mir muuhen willst,
solls sein, daß Du Dich selber killst."
Die zweite Kuh enttäuscht geht weiter,
Ihr ahnt bestimmt, es wird nicht heiter.
Die erste Kuh, die ignorant,
zum Schlachthof wurde sie verbannt.
Als Thekenfleisch nun neugeborn,
hat sie sich eines gleich geschworn.
Demnächst hör ich viel besser zu,
und muuht auch nur die zweite Kuh.

Der Regenwurm

Es gab mal einen Regenwurm,
der hatte Angst bei jedem Sturm.
Verstecken konnte er sich nicht,
weil über ihm die Erde bricht.
Doch dann sah er die Menschenhand,
war froh, daß er die Rettung fand.
Doch war er nur als Köder gut,
verstehe seine blinde Wut.
Ein Angler hatte ihn benutzt,
und dann ein Rotbarsch ihn verputzt.
Im Himmel oben ist er nun,
kann jetzt auf weissen Wolken ruhn.
Auch Rache wurde hergeschickt,
der Mann an Gräten ist erstickt.
Und die Moral von der Geschicht,
benutzt zum Angeln würmer nicht.

Der Maulwurf

Ein Maulwurf guckt aus seinem Loch,
er rümpft die Nase, daß fehlte noch.
Kommt aus der Tiefe, will ans Licht,
doch Helligkeit, die sieht er nicht.
Die Ursache so Gottes Wille,
ist nicht des Maulwurfs Sonnenbrille.
Wollt er auch sein ein Sonnenkind,
er ist und bleibt nun einmal blind.
Als er's begreift kriecht er zurück,
versucht im Untergrund sein Glück.
Und die Moral, die hier entsteht,
ist, wenn man nur das Licht anfleht,
verliert man schnell den grossen Schatz,
der unter einem hat schon Platz.
Man soll nicht nur nach oben schaun,
wenn man dem Boden kann vertraun.

Der Apfelbaum

Es gab mal einen Apfelbaum,
der hatte einen grossen Traum.
Nur Äpfel trug er Tag für Tag,
obwohl er lieber Birnen mag.
Er war voll Wehmut, wurde matt,
er hatte all die Äpfel satt.
Nach vielen Jahren gab er auf,
doch nahm das Schicksal seinen Lauf.
Was anderes sollte ihm geschehen,
das Wunder konnt er nicht verstehen.
Ein grober Schnitt, ganz ohne Schmerz,
und wieder flammt ihn ihm das Herz.
Die Äpfel ward er los im nu,
woanders sollt er finden Ruh´.
Heut ist er glücklich und sehr froh,
trägt Affen im Berliner Zoo.

Tiermusik

Es war mal eine Wasserkröte,
die spielte liebend gerne Flöte.
Doch Euphorie schon bald erlosch,
es gab noch den Trompetenfrosch.
Durch Konkurrenz voll motiviert,
hat sich die Kröte nicht geziert,
und flötete voll Tatendrang,
dem Frosch wurds leider gar nicht bang.
Mit langem: "Trööt" schoß er zurück,
doch beide hatten da kein Glück.
Ein Wettstreit ward nun angefacht,
er zog sich fort die ganze Nacht.
Dann hier ein „flööt" und da ein „trööt",
für Einsicht war es längst zu spät.
Und folglich kams so nach und nach,
das Instrument bei beiden brach.
Ein jeder gab dem andern Schuld,
entzwei der Faden der Geduld.
So stritten sie sich viele Runden,
bis „A-Capella" war erfunden.
Nun quaken beide schön und nett,
in einem Kröten-Frosch-Duett.

Regentropfen

Ein Regentropfen wunderschön,
man kann ihn nur bei Regen sehn.
Ist oben spitz und unten rund,
durchs Prisma ist er kunterbunt.
Hat einen langen Weg vor sich,
vom Himmel, nichts versperrt die Sicht.
Der Aufschlag kommt und er merkt dann,
daß er nicht wirklich fliegen kann.
Darauf macht er die Erde nass,
bereitet ihm wohl doch viel Spass.
Du bist am Ziel, genieß es nur,
und zieh hier deine Wasserspur.
Ist deine Arbeit dann vollbracht,
dann kommt es, daß die Sonne lacht.
Ein Regenbogen wunderschön,
den Tropfen kann man nicht mehr sehn.
Doch bald steigt auf er aus dem Meer,
und fällt erneut, das freut ihn sehr.

Mensch und Tier

Die Biene summt,
der Bär er brummt,
des Karpfens Stimme ist verstummt.
Der Hirsch er röhrt,
was mich nicht stört,
auch man das heuln der Wölfe hört.
Es grunzt das Schwein nicht gern allein,
die Amsel singt bei Sonnenschein.
Es muuht die Kuh, mit voller Ruh,
doch leider hört ihr keiner zu.
Der Hahn er kräht, kommt nie zu spät,
was man auch gern den Hennen rät.
Die Katze miaut, dem Mensch vertraut,
der Hase still die Höhle baut.
So viele Tiere geben Ton,
und auch der Mensch, er kann es schon.
Doch leider klingt es ziemlich schrill,
was keiner wirklich hören will.
Bei Tieren klingts wie Melodie,
beim Mensch wie bittre Ironie.
So macht der Mensch nur so zur Zier,
Geräusche, wie ein wildes Tier.

Der Feuerlöscher

Es nängt ein Feuerlöscher an der Wand,
obwohl es hat noch nie gebrannt.
Ist eingestaubt und nicht sehr froh,
bei Feuerlöschern ist das so.
Nur mehr verschwendet werden Gelder,
beim sogenannten Feuermelder.
Was macht er schon, wenn es mal brennt,
nur lautes Piepen was er kennt.
Drum sag ich Euch und das ist wahr,
nur Feuerlöscher helfen klar.
Und nutzt man sie dann mal zu Recht,
ergeht es all den Flammen schlecht.
Dann hat das Feuer ausgestrahlt,
Versicherung dann bald bezahlt.
Drum ehret ihn als Lebenswächter,
den unerschrocknen Feuerlöscher.

DER Schuh

Auf einer Straße liegt ein Schuh,
er schaut sich um und denkt: "Nanu?".
Wir waren doch sonst immer zwei,
ist diese schöne Zeit vorbei.
So ruft er laut den anderen Schuh,
doch in der Straße stille Ruh.
Welch drama ist hier wohl geschehn,
das wir den einen Schuh nur sehn.
Dann wird es Nacht und Regen fällt,
der Schuh blickt traurig in die Welt.
Er denkt zurück an jene Zeit,
als es noch gab die Zweisamkeit.
Wie schön war es ein Paar zu sein,
begehrt, gebraucht tagaus, tagein.
Doch hat das Schicksal zugeschlagen,
und beide waren abgetragen.
Durch Unglück wurden sie entzweit,
und das in alle Ewigkeit.
Als er sich langsam dann besinnt,
die erste Träne runterrinnt.
Da wird ihm klar, was ist er nu´,
ein weggeworfener Einzelschuh.

Freunde

Bei Freunden war ich eingeladen,
ich dachte mir, daß kann nicht schaden.
Ich kam dort an und mir wurd´ klar,
daß dies nur eine Finte war.
Ich dachte noch, ich habe Spass,
bis ich dann ihre Regeln las.
Im Keller ward ich einquartiert,
das ist mir so noch nie passiert.
Das Stroh als Bett sehr unbequem,
für Tiere vielleicht angenehm.
Ich weiß nich, was hab ich verbrochen,
ich mußte dauernd für sie kochen.
Ahja man sollte nicht vergessen,
ich durfte einmal auch was essen.
Dann täglich kam die Hausarbeit,
dafür bekam ich wenig Zeit.
Um Mitternacht konnt ich ins Bett,
denn meine Freunde sind doch nett.
Um 5 Uhr mußt ich wieder raus,
und schnell geputzt das ganze Haus.
Erwachten sie war alles reinlich,
der kleinste Fleck wäre mir peinlich.

Und so vergingen die drei Tage,
es war sehr"schön",ganz ohne Frage...
Dann fuhr ich heim mit Gliederschmerzen,
die Freunde immer noch im Herzen.
Zu Hause endlich angekommen,
von all dem Streß noch ganz benommen.
Erholt nach Tagen war mir klar,
daß der Besuch mein letzter war.
Es wurde Zeit für eine Tat,
und ich gab auf ein Inserat.
Bei E-Bay ohne nachzudenken,
„Ich hab zwei Freunde zu verschenken!"

Die Bahn

Ich fahre wieder einmal Zug,
die Zeit verschwindet wie im Flug.
Bin leider hier im ICE,
der Preis dafür tut schrecklich weh.
Ich steh im Gang, ich mag nicht sitzen,
seh lieber all die andern schwitzen.
Umkämpft wird jeder Sitzplatz hier,
in allen Augen Polstergier.
Und haben sie dann ein´ gepachtet,
die Konkurrenten abgeschlachtet,
tönt es ganz laut: "Sie sind am Ziel!",
der Sitzplatz brachte doch nicht viel.
Drum stürzen sie dann über Leichen,
um noch den Bahnsteig zu erreichen.
Und schon erstürmen neue Gäste,
den Zug als wären sie das Beste.
Ich schau sie an, lach vor mich hin,
und schon der nächste Schlachtbeginn.
Im Bordbistro ist gar nichts los,
der Thekenmann, wo ist er bloß?
Da seh ich ihn am Boden liegen,
hier werde ich wohl nichts mehr kriegen.

Man glaubt es kaum doch es ist wahr,
und eines wird mir sofort klar....
Wenn man mal die Promille mißt,
daß er sein bester Kunde ist.
Im Gang wird's wieder amüsant,
ein schwerer Fall, ganz interessant.
Minutenlang versucht ein Mann,
sich ins WC, was er nicht kann.
Er zieht und zieht die Tür bleibt zu,
ein Geistesblitz trifft ihn im nu.
Er denkt, er hat sich da verschätzt,
und das WC ist noch besetzt.
So wartet er geduldig lange,
ich seh ihn krampfen, mir wird bange.
Und gütig, wie ich nun mal bin,
geb ich ihm neuen Lebenssinn.
Nach zwanzig quälenden Minuten,
wend ich die Sache nun zum Guten.
Ich öffne ihm die Tür ganz flink,
geb ihm noch einen kleinen Wink,
Der Ärmste wußte leider nicht,
nach innen öffnet sie ganz schlicht.

Das Türziehn machte ihn verrückt,
hätt er doch einmal nur gedrückt.
Doch Freudenschreie aus dem Klo,
beweisen er ist wieder froh.
War diese Show auch sehr fatal,
ich fand sie einfach nur genial....
Drum rat ich,Leute fahrt mit Bahn,
die Action ist der blanke Wahn.
So grosses Kino seht ihr nur,
bei der DB real und pur.
Nun bin ich leider auch am Ziel,
und wissend ich verpass noch viel.
Ich steige aus und weiß genau,
der Thekenmann macht morgen blau.
Ich schau dem Zug noch hinterher,
der Abschied fällt mir wirklich schwer.
Na dann bis bald mein ICE,
hoff das ich bald dich wiederseh.

Feierabendsport

Ein harter Arbeitstag vergeht,
Erholung kommt da nie zu spät.
Und voller Drang und Größenwahn,
trifft man sich auf der Kegelbahn.
So will man sich mit Glück versuchen,
und einen Bahnrekord verbuchen.
Mit den Kollegen hier im Bunde,
verspricht man sich `ne starke Runde.
Doch vor dem Start, daß ist ja klar,
nimmt man erst mal den Service wahr.
Mit fünf, sechs Bier gedenkt man nun,
den Kegeln böses anzutun.
Doch leider schon beim ersten mal,
kein Kegel fällt, was sehr fatal.
Der nächste Spieler auch verfehlt,
noch keine Punkte sind gezählt.
Da hilft nur eins, das könnte geh´n,
schnell runter mit Bier neun und zehn.
Dann fällt auch schon der erste Kegel,
und stetig steigt der Stimmungspegel.

So kegelt man bis Mitternacht,
und zwei, drei Fass sind leergemacht...
Dann eins kommt, was man nicht versteht,
die Kegelzahl hat sich erhöht.
Verdoppelt um genau zu sein,
doch das ist trügerischer Schein.
Versucht man nun, was sich bewährt,
mit noch mehr Bier die Sicht sich klärt.
So rollt die Kugel bis zum Schluß,
ganz zielgerichtet, weil sie muß.
Der Abend geht zu schnell vorbei,
Rekord verfehlt, was einerlei.
Der Spaß war da und Bier am Stück,
man denkt bestimmt daran zurück.
Man fällt ins Bett, kann nix mehr tun,
und auch die Kegel können ruhn.
Total im Rausch fällt man ins Bett,
und war der Abend auch sehr nett.
Kommt eins, was man nun gar nicht mag,
ein neuer harter Arbeitstag.

Der Jäger

Ein Jäger ging mal in den Wald,
es war noch früh und auch sehr kalt.
Der Hochstand bot ihm gute Sicht,
doch Freiwild sah er leider nicht.
So lauerte er viele Stunden,
mit Mißerfolg schon abgefunden,
hört er ein Rascheln ziemlich nah,
der Jagdinstinkt war wieder da.
Dann sieht er es das kleine Reh,
es töten täte ihm nicht weh.
Legt an und zielt und schießt daneben,
das Reh erschrickt, rennt um sein Leben.
Der Jäger ist nun wirklich sauer,
lag ganz umsonst lang auf der Lauer.
Der Sonntagsbraten ist dahin,
jetzt hat er nur noch Wut im Sinn.
So schleudert er ganz ohne Stolz,
das Jagdgewehr ins Unterholz.
Er hört ein Jauln, dann ist es still,
der Jäger es nicht glauben will.

War er doch lang schon am verzagen,
hat er nun einen Fuchs erschlagen.
Er freut sich, sein Gesicht wird hell,
für seine Frau gibt es ein Fell.
Durch die Ereignis motiviert,
jagt er nun weiter ungeniert.
Mit dieser neuen Jagdmethode,
hofft er sie kommt sehr bald in Mode.
Man kennt im Wald nun diesen Jäger,
als Jäger mit dem Baseballschläger.

Das Klavier

Es gab da einmal ein Klavier,
das stand nicht nur so da zur Zier.
Doch war es leider sehr verstimmt,
weil sich der Spieler nicht benimmt.
Er trommelt auf den Tasten rum,
die Art und Weise war sehr dumm.
Da ließ es ein paar Seiten reissen,
der Spieler kann nun nicht mehr beissen.

Humorlos-

und

Sinnvoll-es

Für Dich

Du bist mein Engel, bist mein Leben,
ich würde alles für Dich geben.
Du gibst mir Mut und Halt zugleich,
fühl mich durch Dich unendlich reich.
Nur Du hast Platz in meinem Herzen,
die Liebe flammt wie tausend Kerzen.
Bist Teil von mir für alle Zeiten,
der Himmel wird sich für uns weiten.
Denn nur mit Dir hat Dasein Sinn,
ich nicht mehr auf der Suche bin.
Hab Dich gefunden zartes Wesen
und kann in Deinen Augen lesen,
daß auch nur mich Dein Herz begehrt,
die Liebe hat uns zwei bekehrt.
Gemeinsam schaun wir nur nach vorn,
als Paar jetzt wieder neugeborn.
So soll die Liebe ewig halten,
bis unsere Herzen dann erkalten.

Schatz

Seit ich dich kenn bin ich verrückt,
nach Dir denn Du hast mich beglückt.
Du hast mir schon so viel gegeben,
fühl mich schon wie im zweiten Leben.
Mit Dir als Engel neben mir,
weiß ich es gibt nur noch ein Wir.
Auf ewig sind wir nun verbunden,
zwei Seelen haben sich gefunden,
auf ewig jetzt vereint zu sein,
denn unsere Liebe ist so rein.
Wenn ich Dich anseh wird mir klar,
bist Teil von mir und das ist wahr.
Ich liebe Dich unendlich Schatz,
in meinem Herz hast Du Dein Platz.
Laß uns zusammen Wunder sehn,
und übern Regenbogen gehen.
Mit Dir allein will ich verweilen,
und dafür Schatz sind diese Zeilen.

Sie

Es ist mir passiert ich sah diese Frau,
die Knie am zittern im Magen ganz flau.
War sofort verfallen, es war wie Magie,
so tiefe Gefühle spürt ich lange nie.
Ich sehe sie oft bin vor Liebe krank,
Ihr liebliches Wesen ich Gott gern dank.
Möchte Ihr sagen, wie Sie mir gefällt,
und für mich einmalig ist auf der Welt.
Was soll ich tun, daß sie es erkennt,
wie sehr mein Herz vor Liebe brennt.
Muß ich die Stadt auch bald verlassen,
Gedanken an sie werden nie verblassen.
Und solltest Du je die Zeilen hier lesen,
ich liebe Dich Du traumhaftes Wesen.
Ich meine es ernst und stehe dazu,
denk so oft an Dich und find keine Ruh.
Ich weiß die Träume erfüllen sich nicht,
was mir noch bleibt ist dieses Gedicht.
Werd Dich nie vergessen in meinem Leben,
und würde gern alles für Dich geben.
Ich ruf diese Zeilen hinaus in den Wind,
daß jederman weiß was ich grad empfind.

Sehnsucht

Du bist zur Zeit weit weg von mir,
und ich bald die Geduld verlier.
Die Sehnsucht quält mich Tag und Nacht,
hat mich oft um den Schlaf gebracht.
Ich seh Dich und ich glaub es kaum,
in meinem Arm in jedem Traum.
Der Grund, daß meine Angst entschwindet,
ist Liebe, die uns zwei verbindet.
So hab ich immer Dich im Herzen,
ertrage alle Seelenschmerzen.
Denn bald schon bist Du wieder da,
das Wiedersehen ist ganz nah.
Werd dich dann in die Arme nehmen,
mich keiner meiner Tränen schämen.
Ich denk bis dahin nur an Dich,
lieb Dich für immer ewiglich.
Führt bald Dein Weg zu mir zurück,
erfüllt sich unser Liebesglück.

Meine Liebe

Für Dich ist dieses Liebesgedicht,
schau in Deine Augen Dein Engelsgesicht.
Hast mich verzaubert, bist voller Licht,
ich weiß genau ohne Dich leb ich nicht.
Unendliches Glück ist uns nun geweiht,
weil wir uns vertraun in alle Zeit.
Mein Leben will ich mit Dir teilen,
im siebenten Himmel mit Dir verweilen.
Will mit Dir erwachen jeden Morgen,
von uns vertreiben alle Sorgen.
Drum sei gewiß Du kannst mir traun,
kannst ganz auf meine Treue baun.
Werd immer sein an Deiner Seite,
mein Engel, den ich gern begleite.
Ich lieb Dich immer mehr,
ohne Dich bin ich leer.
Bist mein Glück, bist mein Stern,
immer da niemals fern.
Geh mit Dir durch die Zeit,
sind dem Schicksal geweiht,
unsere Seelen vereint,
daß der Himmel nun weint.

Engel

Egal was Sie denkt, egal was Sie tut,
Sie tut mit Herz, voll Liebe und Mut.
Geht Ihren Weg schaut nur nach vorn,
zeigt keine Schwäche, so ist Sie geborn.
Und ist Ihr Leben auch hart und schwer,
Sie lehnt sich auf, setzt sich zur Wehr.
Denn Sie ist stark, hat sehr viel Kraft,
die meisten Hürden schon geschafft.
Kann viel bewegen, hat ein großes Ziel,
und das zu erreichen bedeutet Ihr viel.
Sie ist voller Güte die Aura voll Licht,
ein Engel auf Erden ist Ihre Pflicht.
Gibt allen Hoffnung das Leben ist schön,
wer in sich schaut wird Sie verstehn.
Wer Liebe gibt, bekommt sie zurück,
beschert uns allen unendliches Glück.

Ade

Nun ist es soweit,
Du hast mich verlassen,
mein Herz tief verwundet,
schreit durch alle Gassen.
Ich habs nicht geahnt,
erstarre vor Schmerzen,
erloschen die Liebe,
wie sterbende Kerzen.
Du hast mich verraten
nach so langer Zeit,
und ich hab gehofft
auf ein Leben zu zweit.
Ich glaubte an Zukunft
gemeinsam ins Licht,
doch meine Gefühle
interessieren Dich nicht.
Die Trennung ist da
und Dein neuer Weg.
Doch auch ich werd finden
zu Neuem den Steg.

So ist es uns bestimmt
auseinander zu gehen,
vielleicht noch in Freundschaft
uns wiederzusehen.
Visionen verschwunden,
doch wünsch ich Glück,
denk gern
an gemeinsamen Stunden zurück.
Nun schau ich nach vorn
und sage „ADE",
doch wisse jedoch
mein Herz tut noch weh.
Die Zeit wird vergehen,
die Wunden verheilen
und neue Liebe
wird Schmerzen zerteilen.
Erleuchten wird wieder
für mich auch ein Stern
und eines wird bleiben
ich habe Dich gern.

Geburt

Ein neues Leben ist erwacht,
durch Euch und Eurer Liebe Macht.
So zierlich und zerbrechlich klein,
wird für Ihn auch die Sonne schein.
Ein Junge nun die Welt erblickt,
als wie von Engeln hergeschickt.
Er braucht jetzt viel Geborgenheit,
ich weiß, Ihr nehmt Euch alle Zeit,
auf seinem Weg Ihn zu begleiten,
in guten wie in schlechten Zeiten.
Ist noch sehr hilflos und sehr schwach,
doch schützt Ihn Liebe wie ein Dach.
Seid da für Ihn an jedem Morgen
und haltet fern Ihm alle Sorgen.
All Eure Liebe Ihm zu schenken,
bleibt immer dann in seinem Gedenken.
Mit diesem Kind seid Ihr gesegnet,
als wenn man einem Gott begegnet.
Es soll nur schöne Tage geben,
ich wünsch Euch Glück, ein frohes Leben.

Für eine gute Seele

Bist immer noch nicht ganz genesen,
warst lang im Krankenhaus gewesen.
Es ist vom Schicksal ungerecht,
daß es Dir oft geht ziemlich schlecht.
Als gute Seele sei entlohnt
und endlich von den Qual´n verschont.
Du hast verdient ein schönes Leben,
Freude daran sei Dir gegeben.
Gesundheit wünschen, die Dich kennen,
man muß nicht alle Namen nennen.
In Deinem Herz Du starke Frau,
weißt Du sie sicher ganz genau.
Drum kämpfe weiter jederzeit,
denn alle sind für Dich bereit.
Wir werden stärken Deinen Rücken,
im Herzen ewiglich Dich drücken.
Sei Dir gewiß denn eins ist klar,
auch Deine Träume werden wahr.

Muttertag

Ein großer Tag für Dich ist heut,
was alle sicher ganz sehr freut.
Du standest immer fest im Leben,
hast der Familie Halt gegeben.
Doch Grenzen hat auch Deine Kraft,
im Leben schon so viel geschafft.
Nun ist es Zeit für Dich zu ruhn,
die Kinder etwas für Dich tun.
Denn Du warst da zu jeder Zeit,
egal für wen egal wie weit.
Drum schone Dich denn eins ist klar,
für uns bist Du ganz wunderbar.
Genieß es mal verwöhnt zu werden,
als liebste Mama hier auf Erden.
Der Ehrentag für Dich allein,
soll Dich erfreun mit Sonnenschein.
Wir wünschen Dir von ganzem Herz,
viel Glück,ein Leben ohne Schmerz.

Zu DIR

Du bist mein Engel,
doch nicht mehr bei mir.
Ich schmiede mir Flügel
und fliege zu Dir.
Bist lang schon im Himmel,
ich denk jeden Tag,
an uns und an Dich,
wie sehr ich Dich mag.
Ein grausames Schicksal
nahm Dich von mir fort,
doch ich werd Dir folgen
zum heiligen Ort.
Es war diese Krankheit
unheilbar, folenschwer.
Fühl mich ohne Dich
nun innerlich leer.
Hab mit Dir den Sinn
meines Lebens verloren,
denn wir zwei waren
füreinander geboren.

Ich steh auf der Brücke
und blicke nach oben,
für das was ich tu
wird man mich nicht loben.
Es ist nur ein Schritt,
womit ich beweise,
bin nichts ohne Dich,
ein Zug ohne Gleise.
Ich komme zu Dir,
mich kann nichts mehr halten.
Ich tret aus dem Leben,
mein Herz wird erkalten.
Doch ists meine Seele,
die folgt nun zu Dir,
daß ich dann auf ewig
Dich nie mehr verlier.
Denn unsere Liebe
hat es nur geschafft,
gab mir für den Schritt
die nötige Kraft.
Ich schließ meine Augen
und sehe nur Dich
und weiß in Liebe erwartest du mich.

Ein Freund

Ich stehe hier vor seinem Grab,
weils für ihn keine Rettung gab.
Ein guter Freund, den ich verlor,
es half nichts, daß ich Gott beschwor.
Er starb im Einsatz, gab sein Leben,
doch ihm kann man kein neues geben.
Mit Mut und Stolz und vieles mehr
war gern er bei der Feuerwehr.
Half wo er konnte, war bereit,
dafür nahm er sich gern die Zeit.
Dann kam der Tag bei diesem Brand,
das Schicksal hat ihn überrannt.
Er stürmt ins Haus nach Leben suchend,
den Feind, das Feuer, arg verfluchend.
Dann sah er nur noch Qualm und Rauch,
es riß ihm noch der Atemschlauch.
Er rang nach Luft fühlte nichts mehr,
hat keine Chance zur Gegenwehr.
Der Rauch zur Wolke sich verdickte,
und daran er sehr bald erstickte.
Als Held bleibt er in unserem Herz,
doch uns bleibt da ein großer Schmerz.
Respeckt und Achtung wir ihm schenken,
und halten aufrecht sein Gedenken.

Heimat

Seht unsere Erde,
wie schön sie sich dreht.
Doch unwissend seid ihr,
es ist bald zu spät.
Sie ist schon sehr schwach
und sehr stark verletzt,
weil Menschem im Wahn
keine Grenzen gesetzt.
Ich seh trockne Wüsten
und sterbende Bäume,
gefärdete Tiere
ohne Lebensräume.
Was gibt uns das Recht
hier Schicksal zu spielen,
mit all den Raketen auf Leben zu zielen.
Denkt mal an die Zeit,
in Höhlen zu leben,
bis Prometheus kam
uns das Feuer zu geben.

Es war eine Prüfung,
wir haben versagt
und werden ganz sicher
dafür angeklagt.
Wenn wir uns nich ändern
ergeht uns schlecht.
Verlieren dann
auf Existenz unser Recht.
Drum schützt unsere Erden
und Mutter Natur,
denn was wir hier machen
ist Ignoranz pur.
Denkt an unsere Kinder,
was werden sie erben.
Denn geht es so weiter,
nur Haufen von Scherben.
So schrei ich hinaus,
wenn ihr leben wollt,
dann stoppt die Lawine,
die leider schon rollt.

Schuldig

Genießt noch die Sonne,
genießt noch den Tag,
es ist bald vorbei,
weil Gott es vermag.
Habt Schätze erhalten
und diese zerstört,
habt niemals
auf innere Stimmen gehört.
Was seid ihr für Wesen,
die alles vernichten.
Kann auf meinen Zorn
und die Wut nicht verzichten.
Ihr hattet die Chance
auf glückliches Leben,
dafür hat euch Gott
die Erde gegeben.
Die Jahre vergingen
was machtet ihr draus,
vergeudete Zeit,
es gibt kein Applaus.
Die Schätze der Erde
habt ihr ausgebeutet
und nicht gesehn,

wie Gott auf euch deutet.
Er gab euch den Wink,
ihr habts nicht erkannt.
Mit Irrsinn, Chemie
die Welt überrannt.
Der Regenwald stirbt
und die darin wohn,
doch ihr sterbt auch aus
das ist euer Lohn.
Ihr habt jahrelang
Natur nur geschändet,
und jetzt ist es Zeit,
daß sich das Blatt wendet.
Die Welt blutet aus,
es gibt keine neue,
ihr macht einfach weiter
und zeigt keine Reue.
Nun seid ihr verdammt,
die Welt wie sie ist,
wird ausgelöscht,
weil das Klima sie frißt.
Ihr braucht nicht zu hoffen,
es ist dann vorbei,
im All wird man hören
nur noch Todesgeschrei.

NACHWORT

DIESES BUCH WIDME ICH ALLEN

VERWANDTEN UND BEKANNTEN,

DIE MICH DAZU MOTIVIERT UND

INSPIRIERT HABEN ES SO ZU

SCHREIBEN UND ZU

VERÖFFENTLICHEN.

EIN BESONDERER DANK GILT

SUSANNE H.,DIE MICH SEHR

UNTERSTÜTZT HAT.

VIELEN DANK AN ALLE.

ENDE